AF456598

# PROCÉS-VERBAL
## *DE CONDAMNATION*
## DE GABRIEL MALAGRIDA,
Jésuite,

*PAR L'INQUISITION DE PORTUGAL;*

CONTENANT

LA SENTENCE DES INQUISITEURS

ET

## *L'ARREST*
## DE LA COUR SOUVERAINE
Appellée de la *Relation.*

*A LISBONNE.*

Chez ANTOINE RODRIGUES GALHARDO, rue Saint Benoît.

M. DCC. LXI.

# AVERTISSEMENT DU TRADUCTEUR.

LA Sentence de l'Inquisition de Portugal & l'Arrêt de la Chambre de la *Rélation*, rendus le 20 Septembre dernier contre le Pere GABRIEL MALAGRIDA, *Jésuite*, furent imprimés aussitôt à Lisbonne, avec la permission accordée sur la Supplique du Greffier de la Chambre Criminelle: cependant je n'ai reçu que le 28 du mois d'Octobre suivant l'Exemplaire qui m'a été adressé de ces importantes Piéces. C'est que la premiere Edition, faite avec beaucoup de précipitation, étoit si fautive, qu'elle a été supprimée par l'autorité publique, & qu'on a voulu attendre la seconde Edition, pour m'en envoyer un Exemplaire correct: on a même eu l'attention de le faire légaliser de la propre main de *François de Magalhaens*, qui a les minutes dans son Greffe.

Ainsi assuré de la fidélité des Piéces dans la langue originale, je commençois à en faire la traduction, lorsqu'on m'en apporta une déja imprimée qui se distribuoit dans Paris. Je me félicitai de me voir dispensé d'un travail auquel je me croyois comme engagé envers le Public, par les traductions même que je lui ai données de toutes les Piéces antérieures concernant l'affaire des Jésuites dans le Portugal & dans les Indes. Mais ma joye fut courte; en confrontant avec mon Exemplaire Portugais la traduction Françoise, j'y apperçus du premier coup d'œil des contresens grossiers, un affoiblissement qu'on croiroit affecté de tous les endroits qui indiquent la part qu'a eue *Malagrida* dans la conspiration du 3 Septembre 1758, enfin une ignorance marquée de la langue Portugaise, au point que, par exemple, on traduit par le mot de *monstre* le mot Portugais *monturo* qui signifie *fumier*. Loin donc qu'une traduction si peu fidèle pût me dispenser de continuer mon travail, elle m'a obligé de le finir avec plus de célérité, afin d'arrêter le plutôt qu'il seroit possible le mal réel de voir répandre dans le Public des Piéces si importantes avec des infidélités & des inexactitudes essentielles.

Nombre de Lettres arrivées de Lisbonne, & très-répandues dans Paris, ont si bien instruit des circonstances de la condamnation & du supplice de *Malagrida*, qu'il seroit inutile de rien ajouter ici à cet égard. Nous nous contenterons 1°. de répondre à la difficulté qu'on ne cesse de faire sur ce que ce Jésuite, arrêté comme coupable de crime de leze-Majesté, a été livré à l'Inquisition pour être condamné comme hérétique, imposteur, &c; ce qui sembleroit indiquer qu'on n'a pu trouver de quoi le convaincre du premier crime dont il étoit accusé. Cette difficulté disparoîtroit si l'on vouloit faire attention que dans les circonstances où le Roi Très-Fidèle se trouve vis-à-vis la Cour de Rome, & vis-à-vis ses propres Etats, imbus au-delà de toute expression, des maximes ultramontaines, des avantages infinis & de la nécessité même du Tribunal de l'Inquisition pour la conservation de la foi, Sa Majesté pouvoit moins que dans tout autre tems donner atteinte aux droits & prérogatives de ce Tribunal. Or un des droits dont ce Tribunal a toujours joui, c'est de revendiquer un prisonnier, quel que soit le Tribunal qui en est saisi, si parmi les crimes dont il est accusé, il en est qui soient de sa compétence. Ce droit est fondé sur ce que les crimes dont l'Inquisition connoît, attaquant Dieu directement & la Religion, la satisfaction dûe à Dieu doit l'emporter sur celle qui est dûe aux hommes pour crimes d'homicide, de vol, &c. Mais ce qu'il faut bien observer, c'est que si l'Inquisition ne juge pas digne de mort le criminel, soit à cause de la légereté des fautes qui sont de sa compétence, soit parce qu'il a avoué ses crimes & a demandé miséricorde (car alors quelqu'énormes qu'ils soient, il n'est point livré au bras séculier): dans ce cas le prisonnier est rendu au Tribunal des Prisons duquel il avoit été tiré, pour y être jugé sur les crimes qui sont de la compétence de ce Tribunal. Ainsi, dans le cas où le Pere Malagrida auroit rétracté ses hérésies, avoué ses impostures, ses hypocrisies, ses sacrileges, &c. il auroit été renvoyé au Conseil Souverain de *l'Inconfidence*, pour y être jugé sur la conspiration & l'attentat dont il avoit été le chef: il le sera même, quoique mort, lorsqu'on terminera le Procès de ses Complices, il sera condamné avec eux, & supplicié en effigie.

2°. La personne qui m'a envoyé l'Exemplaire de Lisbonne, marque une anecdote bien remarquable. « Nous avons vû, dit-elle, faire ici au Pere Malagrida deux Processions étrangement différentes! celle depuis l'Inquisition jusqu'au lieu de son supplice, chargé de toutes les marques d'ignominie qui annoncent le plus grand scélérat qui fût jamais: & celle qu'il fit à son arrivée d'Italie au Port de Lisbonne, où tous les Jésuites de cette Capitale furent le recevoir avec la Croix & la Banniere, & le conduisirent processionnellement en chantant le *Te Deum* jusqu'à leur Eglise, comme un Prophete, un Apôtre, un Taumaturge, qui alloit faire pleuvoir toutes les graces & les faveurs du Ciel sur ce Royaume.

A la vûe de ce spectacle, il se présente une réflexion toute naturelle. Aujourd'hui que le Public connoît les Constitutions de la Société, entr'autres, la terrible Inquisition qui y est établie, pour que le Général & les autres Supérieurs connoissent l'intérieur de tous les Sujets jusqu'aux plus secrets replis de leur ame; se persuadera-t-on qu'un scélérat, un impie, un abminable, tel que Malagrida, quelque grande que fût son hypo crisie, ait tellement pû se cacher, se dissimuler, que ses Supé rieurs, en plus de cinquante ans qu'il a vécu parmi eux, n'ayen jamais eû connoissance des vices horribles dont son ame étoi infectée; que de ce sépulcre blanchi il ne soit jamais sorti quel que exhalaison qui annonçât la pourriture & l'infection dont i étoit rempli? Non, jamais ils ne le persuaderont aux personne sensées: ils le connoissoient tel qu'il étoit, comme un scélér déterminé, capable de se porter aux crimes les plus énormes & les plus hardis; & comme un imposteur habile, propre à sé duire une Nation entiere, & à la faire entrer dans ses vûe criminelles, couvertes du voile de la Religion. C'est parc qu'il étoit connu comme tel, que la Société l'a envoyé à Li bonne pour exécuter l'Arrêt de vengeance qu'elle avoit pro noncé contre la Maison de Bragance & contre le Royaume d Portugal. Et comme il falloit tout-à-coup concilier à ce scélér toute confiance, tout crédit sur l'esprit des Peuples, afin qu' pût les tourner où il voudroit, la Société l'annonce par un act solemnel de Religion, comme un homme du Ciel, envoyé d Dieu pour les choses les plus extraordinaires. Cette seul anecdote bien pesée, cette réflexion, que nous ne laissons qu'en trevoir, bien approfondie, suffiroient pour ouvrir les yeux toutes les Puissances.

# PROCÈS-VERBAL

*De condamnation de* GABRIEL MALAGRIDA, *Jésuite, par l'Inquisition de Portugal; contenant la Sentence des Inquisiteurs, & l'Arrêt de la Cour Souveraine, appellée de la* Relation.

» FRANÇOIS DE MAGALHAENS de » Brito, Gentilhomme de la Maison » de Sa Majesté, Chevalier Profez de » l'Ordre de Christ, Greffier de la » Chambre Criminelle de la Cour & » Hôtel de la *Supplication* (*a*), pour Sa Majesté, » &c. Je certifie que j'ai en mon pouvoir & dans » mon Greffe la Sentence des Inquisiteurs ordi- » naires & députés de la Sainte Inquisition, par » laquelle le Criminel GABRIEL MALAGRIDA a » été livré à la Justice Séculiere, laquelle, ainsi » que l'Arrêt de la *Relation* (*b*) déposé dans le » même Greffe, est de la teneur suivante.

LES INQUISITEURS ordinaire & députés de la Sainte Inquisition, jugenr que, vu les actes, les crimes, les déclarations, les réponses & les rétractations du Pere *Gabriel Malagrida*, Religieux

(*a*) C'est un des trois Corps du Tribunal Souverain de Lisbonne.

(*b*) La Cour de la *Relation* est un autre des trois Corps du Tribunal Souverain de Lisbonne. La Cour du *Desembargo* est le premier.

A

de la Compagnie dite de Jesus, natif de la petite ville de Minaio, Diocèse de Côme, dans le Duché de Milan, actuellement présent prisonnier dans cette Cour, par lesquels il est prouvé, que ledit *Malagrida* étant Chrétien baptisé, Prêtre, Confesseur, Théologien & Missionnaire; étoit obligé a tenir & croire la sainte Foi Catholique, prêchée par les saints Apôtres & Disciples de Jesus-Christ notre bon Rédempteur & Seigneur, & qui nous est proposée & enseignée par notre sainte Mere, l'Eglise Romaine, Mere & Maîtresse de tous les Catholiques & regle infaillible des vrais Dogmes, contre laquelle l'Enfer & les Ministres du Démon ne peuvent prévaloir; étoit obligé pareillement à éviter & a fuir les nouveautés contraires à l'Evangile, & à enseigner, prêcher, défendre & écrire la Doctrine saine & Catholique, sans interprêter à sa fantaisie, & contre les préceptes de l'Eglise & les sentimens des saints Peres, les textes de l'Ecriture; à procurer l'union des Catholiques dans une charité parfaite & dans l'obéissance dûe à leurs vrais & légitimes Supérieurs, sans exciter des séditions pernicieuses, & causées par l'esprit infernal de superbe & de discorde; à imiter enfin les modeles de la vertu chrétienne, qui après beaucoup de travaux & de patience, sont montés au sommet de la perfection par le chemin de l'humilité recommandée dans les saintes Ecritures par notre Seigneur Jesus-Christ, qui étant vrai Dieu, s'est fait homme, & chargé de nos péchés pour nous ouvrir les portes du bonheur éternel, après nous avoir enseigné & montré l'exemple de souffrir les peines qui sont l'effet du péché, & nous a déclaré dans son Evangile, les signes auxquels nous devions reconnoître les hypocrites & les faux prophetes, qui couverts de la peau de brebis, s'efforcent de nous séduire, dans ces paroles de l'Evangile selon S. Matthieu, chapitre 7 : *Gardez-vous des faux Prophètes qui viennent à vous sous la peau de brebis, mais qui au dedans sont des loups ravissans : vous les connoîtrez par leurs fruits.*

Le Criminel susdit au lieu de se conformer aux conseils & aux préceptes Evangéliques, & d'entendre Jesus-Christ par la voix de son Eglise & de ses Ministres, a fait tout le contraire. Oubliant ses devoirs de Catholique & de vrai Religieux, il n'a ouvert ses oreilles qu'à l'Esprit infernal, qui tout occupé de la destruction & de la ruine de son ame, le conduisoit à la perdition.

L'orgueil & l'ambition dont ce Criminel étoit animé, le portant à se faire admirer de tout le monde comme élevé à une vertu supérieure, il a eu la témérité de feindre des miracles, des révélations, des visions, des paroles surnaturelles & plusieurs autres faveurs célestes, que Dieu accorde à ses vrais serviteurs, qui, comme dit S. Paul, dans le chapitre 2 de son Epître aux Ephesiens, établissent leur édifice sur le fondement des Apôtres & des Prophetes, dont Jesus-Christ est la souveraine pierre angulaire. *In quo omnis ædificatio constructa crescit in templum sanctum in Domino.*

Ce même criminel étant parvenu par son hypocrisie & par la malice la plus rafinée à se faire regarder comme un Saint & comme un vrai Prophète, par des personnes qui, par un effet de la permission divine, ne faisoient point attention aux fondemens sur lesquels il avoit élevé l'édifice trompeur de sa sainteté feinte, est devenu un monstre horrible d'iniquité. Car n'étant pas content d'avoir trompé les peuples de ce Royaume, en extorquant d'eux de très-grosses sommes d'argent, sous prétexte de dévotion & de pieux motifs, & par toutes sortes de ruses & d'artifices, il en est venu jusqu'à répandre le venin le plus terrible qu'il avoit dans son cœur, pour fomenter des discordes & des séditions. Il a même eu l'audace de prophétiser les funestes événemens, dont il sçavoit que le complot se formoit dans cette Cour, & qui ont produit les effets pernicieux qui ont éclaté depuis.

Voulant en même tems conserver sa réputation, & la haute idée de sainteté qu'il avoit donnée de sa personne, il a entrepris de faire croire les révélations qu'il feignoit avoir eu de châtimens futurs, en débitant des instructions telles qu'on n'en a jamais entendu de pareilles, & qu'il entremêloit de propositions hérétiques, blasphematoires, erronées, téméraires, impies, séditieuses & capables de scandaliser les oreilles pieuses. Il ne s'est pas contenté de proferer de vive voix de semblables discours, il les a mis par écrit, & il a osé les défendre jusques dans le Tribunal du Saint Office, en soutenant qu'ils lui avoient été dictés par le Seigneur notre Dieu, par la très-sainte Vierge Marie, par les Saints & par les Anges du Ciel, qui, à ce qu'il disoit, lui parloient & se communiquoient à lui.

Par des moyens si indignes d'un bon Catholique, & qui ne pouvoient avoir été inventés que par la méchanceté d'un homme aussi criminel, il comptoit s'épargner toutes les peines qu'il s'étoit déja données pour rétablir sa Compagnie, & pour renouveller une consternation générale dans cette Cour & dans tout le Royaume, contre lequel il étoit embrasé d'une haine implacable, & qui ne s'est que trop manifestée par ses actions & ses déclarations.

Le Tribunal du Saint Office ayant fait informer sur tout ceci, & ayant pris connoissance de deux Ouvrages de ce criminel, écrits de sa main; l'un en Portugais, intitulé: *Vie héroïque & admirable de la glorieuse Sainte Anne Mere de la très-sainte Vierge Marie, dictée par cette Sainte, avec l'assistance, l'approbation & le secours de cette très-auguste Souveraine, & de son très-saint Fils;* & l'autre en latin, intitulé: *Traité de la vie & de l'empire de l'Antechrist;* lesquels Ouvrages ont été reconnus par ledit Criminel, à qui ils ont été représentés dans l'Inquisition.

L'on a trouvé dans lesdits Ouvrages, entre autres propositions, les suivantes: » Que sainte » Anne a été sanctifiée dans le ventre de sa mere, » de la même maniere que la très-sainte Vierge » à été sanctifiée dans celui de sainte Anne: Que » le privilége de la sanctification dans le ventre » de sa Mere a été accordé seulement à sainte » Anne & à Marie sa fille: Que sainte Anne » dans le ventre de sa Mere entendoit, connois» soit, aimoit & servoit Dieu comme tous les » Saints élevés dans la gloire: Que sainte Anne » dans le ventre de sa Mere pleuroit & faisoit » pleurer par compassion les Cherubins & les » Séraphins qui lui faisoient compagnie: Que » sainte Anne étant encore dans le ventre de sa » Mere avoit fait ses vœux, & afin qu'aucune » des Personnes divines n'eût point de jalousie » de ce qu'elle auroit eu plus d'affection pour » l'une que pour l'autre, elle avoit fait au Pere » éternel vœu de pauvreté, au Fils éternel vœu » d'obéissance, & au Saint-Esprit éternel vœu de » chasteté: Qué sainte Anne avoit été la créa» ture la plus innocente qui fût sortie des mains » de Dieu; qu'elle paroissoit n'avoir point péché » dans Adam, & qu'elle avoit pris l'état du » mariage pour être plus chaste, plus pure, plus » vierge & plus innocente: Que sainte Anne

» dans cette vie mortelle prioit Dieu pour tous » les chœurs des Anges glorieux, afin que Dieu » les assistât, les aidât & leur procurât de plus » grands moyens de servir & de louer sa divine » Majesté : Que Jesus-Christ n'avoit pas trouvé » d'expressions assez fortes pour nous faire en- » tendre la grandeur des dons qu'il avoit accor- » dés à sainte Anne, & que les soupirs de cette » Sainte avoient allumé dans le cœur de Dieu » même des feux nouveaux & extraordinaires.

» Que la vertu & la sainteté ont plus de faci- » lité à se répandre que le vice.

» Que quand même Adam auroit vécu inno- » cemment & évité le péché mortel, il auroit » toujours été un pauvre serviteur fort foible & » fort ignorant.

» Le susdit Criminel y dit encore qu'il » avoit entendu parler le Pere Eternel d'une voix » claire & distincte, & pareillement le Fils & le » Saint-Esprit.

» Que la famille de Sainte Anne, outre les » Maîtres & quelques enfans, consistoit en vingt » esclaves, douze hommes & huit femmes. » Que » Saint Joachim faisoit le métier de Tailleur de » pierre ou de Maçon, & qu'il demeuroit à Jéru- » salem avec Ste Anne : Qu'elle étoit la femme » forte dont Salomon avoit parlé; mais que ce » Roi s'étoit trompé, puisque c'étoit dans son » propre peuple & de son propre sang que de- » voit naître cette heureuse femme.

» Que Sainte Anne avoit fait à Jérusalem une » maison de retraite pour cinquante-trois Sœurs » dévotes. Que pour en compléter les bâtimens, » les Anges s'étoient déguisés en Charpentiers, » & que pour l'entretien de ces Sœurs, l'une » d'elles appellée Marthe, achetoit du poisson » & le revendoit avec gain par la Ville; que

» quelques-unes de ces Sœurs dévotes de Sainte » Anne s'étoient mariées, uniquement pour obéir » à Dieu, qui avoit déterminé de toute éternité » que ces heureuses filles élevées sous les yeux » de Sainte Anne, deviendroient meres de Saints » & de Saintes, & de plusieurs Apôtres & » Disciples de Jesus - Christ : Qu'il y en avoit » une qui avoit épousé Nicodême ; qu'une autre » s'étoit mariée avec Saint Matthieu ; une autre » avec Joseph d'Arimathie ; & que du mariage » d'une autre étoit né Saint Lin, successeur de » S. Pierre.

» Que Jesus-Christ prend diverses formes & » fait différens personnages avec ce petit nom- » bre de Saints qu'il éleve à la plus haute con- » templation, & qu'il accorde un ou plusieurs » Directeurs célestes aux ames qui desirent la » perfection.

Il assure aussi dans le même ouvrage, que la Très-Sainte Vierge lui a donné les instructions suivantes. « Que le Démon ne tente que les » ames des mondains ou les ames de ceux qui » n'aspirent qu'à l'observance des Commande- » mens ; mais que lorsqu'ils aspirent à la perfec- » tion, & que Dieu, par une application parti- » culiere, les veut élever à la contemplation » passive, le Démon ne les tente qu'au commen- » cement. Qu'elle lui a encore fait entendre, » qu'il y a réellement dans l'Eglise un nouvel » état, qui consiste dans une haute contempla- » tion des mysteres divins, & dans les révéla- » tions des choses cachées depuis la création du » monde ; & qu'alors Dieu & la Sainte Vierge » prenant un soin particulier de ces ames, les » plongent dans des états si obscurs & dans des » tentations si accablantes, qu'elles ne sçavent de » quel côté se tourner. Mais que quand les ames

» sont arivées à cet état les Démons s'éloignent » d'elles pour toujours, sans que pour cela ces » mêmes ames cessent de sentir les mêmes peines » & des combats très-opiniâtres, jusques-là qu'elles » croyent voir des Diables, & même des plus » sales & des plus malins, qui les attaquent tan- » tôt par artifices, tantôt ouvertement par des » mensonges, des objets profanes & des obscé- » nités ; mais que ces tentations ne viennent pas » des Démons ; mais au contraire des ames » saintes & des plus élevés dans la gloire. Que ce » sont des Anges très-purs & pleins d'amour » pour ces ames éprouvées, lesquels n'ont point » de honte & se font même beaucoup d'honneur » de les aider par ces sortes de ministeres, en » faisant le personnage de tentateurs & de dé- » mons, pour gagner ces ames totalement, & leur » faire plus promptement remplir cette mesure de » mortifications & de combats, que Dieu même » leur a destiné pour les admettre à la communi- » cation de ses secrets.

Outre ces propositions, il a encore écrit les suivantes, comme lui ayant été révélées.

» Que la Nature divine est distincte entre les » personnes.

» Que la Sainte Vierge étant dans le ventre de » Sainte Anne avoit prononcé ces paroles : *Con-* » *solez-vous, ma chere Mere, car vous avez trouvé* » *grace devant le Seigneur : Voici, vous concevrez* » *& vous enfanterez une fille, que vous appellerez* » *du nom de Marie, l'Esprit du Seigneur reposera sur* » *elle & la couvrira de son ombre. Il concevra en* » *elle & par elle le Fils du Très-haut qui sauvera* » *son peuple.* » Il a affirmé avec serment dans ce même ouvrage, que Notre-Dame lui a fait cette révélation, & qu'elle y avoit ajouté qu'en Paradis on avoit fait une fête de huit jours pour ce premier événement & ces paroles miraculeuſes.

Il a encore affirmé comme choſe qui lui avoit été révélée, que Dieu lui avoit dit de ne point héſiter à élever la grandeur de Notre-Dame au-delà de toute borne, *uſque in exceſſum & ultra*; qu'ainſi il ne devoit pas craindre de lui approprier & communiquer les attributs propres à Dieu même, d'immenſe, infini, éternel & tout-puiſſant.

» Que le ſacré Corps de Jeſus-Chriſt avoit » été formé d'une goute de ſang du cœur de la » Ste Vierge; qu'il s'étoit accru peu à peu par la » vertu de la nourriture de ſa mere, juſqu'à ce qu'il » fût pafaitement organiſé & capable de rece- » voir l'ame qui lui a été unie; mais que la Di- » vinité & la perſonne du Verbe s'étoit déja unie » à cette goute de ſang, dans le même inſtant » qu'il ſortit du cœur de la Sainte Vierge pour » entrer dans ſon ventre très-pur : Que les trois » perſonnes divines avoient eu enſemble bien des » délibérations, des conſultations, des queſtions » & des avis ſur le titre & le rang qu'elles de- » voient donner à Sainte Anne, & qu'enfin elles » avoient pris la réſolution de la rendre ſupérieure » à tous les Anges & à tous les Saints : Que la » ſainte Cité dépeinte par l'Evangéliſte & Diſ- » ciple bien aimé, quand il a dit : *Je vis la ſainte » Jéruſalem nouvelle deſcendant du Ciel, comme » une épouſe parée pour ſon Epoux*, devoit être » regardée comme un ſale & vilain fumier en » comparaiſon de l'ame de ſainte Anne.

» Que ſainte Anne avoit eu une ſœur appellée » *Sainte Baptiſtine*, & qu'elle lui avoit dit que » Notre-Dame étoit encore chez ſes parens » quand l'Archange S. Gabriel étoit venu en Am- » baſſade lui annoncer qu'elle ſeroit la Mere de » Dieu; & que Notre-Dame s'étoit humiliée » juſqu'à prier le Pere Eternel de demander pour

» elle d'être admise au nombre de ses pauvres
» & vils Esclaves; mais que se voyant détrom-
» pée en apprenant qu'elle devoit être Mere
» de Dieu, elle étoit tombée par terre éva-
» nouie, ce qui avoit fort embarrassé l'Ange;
» mais qu'il avoit relevé N. D. avec un grand
» respect, & s'étoit donné beaucoup d'empres-
» sement pour lui persuader d'accepter cette di-
» gnité, afin de ne pas retarder un grand festin
» préparé pour les Anges & les Archanges, &
» qui ne devoit se faire qu'après qu'elle auroit
» donné son consentement. Qu'après l'Incarna-
» tion du Verbe divin, la Sainte Vierge s'étoit
» mariée avec S. Joseph, Sainte Anne étant alors
» âgée de cinquante ans. Que la Sainte Vierge
» demeuroit à Jérusalem quand elle avoit perdu
» son fils; & que quand elle l'avoit trouvé dans
» le Temple au bout de trois jours, il s'étoit sé-
» paré d'elle pour aller assister à la mort de Sainte
» Anne.

Il assure de plus que la Sainte Vierge en lui ordonnant d'écrire la vie de l'Antechrist, lui avoit dit que lui Malagrida étoit un second Jean, mais beaucoup plus clair & plus fécond que Jean l'Evangéliste. Continuant cet ouvrage, il a écrit comme chose qui lui étoit révélée, » qu'il doit
» y avoir trois Antechrists, le pere, le fils, le pe-
» tit-fils, & que c'est ainsi qu'il faut entendre
» les Ecritures; que le dernier devoit naître à
» Milan d'un Moine & d'une Religieuse l'an
» 1920, & qu'il se mariera avec Proserpine, l'une
» des furies infernales.

» Que l'Antechrist sera baptisé par sa mere,
» & que le Démon qu'il croira être son pere,
» ne sçaura son baptême qu'après une confession
» imprudente de sa mere.

» Que le seul nom de Marie sans aucunes

» bonnes œuvres, a été le salut de quelques créa-
» tures; & que la mere de l'Antechrist doit se
» sauver seulement pour avoir eu ce nom, & par
» considération du Couvent où elle sera Reli-
» gieuse.

» Que les Religieux de la Compagnie doivent
» fonder un nouvel Empire à Jesus-Christ, en
» découvrant de nouvelles nations nombreuses
» dans les Indes.

» Qu'un Religieux tiede & imparfait surpasse
» en mérite un séculier fervent & parfait. Qu'au-
» cun de ceux-ci n'est né pour exercer certains
» offices nécessaires pour le gouvernement Ec-
» clésiastique & politique.

Il dit encore dans cet ouvrage sur l'Antechrist, » que la nuit du 29 Novembre de l'année derniere, il a entendu les paroles suivantes. *Cette nuit, oui cette nuit, nous ôterons de ce monde par une mort inopinée le Prince, auteur d'un si injuste procès, avec ses complices & ses flateurs.*

Par ces propositions & autres pleines d'injures pour des personnes de tout état, & semblables à celles des Héréfiarques les plus dépravés, ce Criminel a entrepris de faire passer ses révélations pour divines, & ses œuvres pour ortodoxes. Il les a défendues avec opiniâtreté, même après les charitables avertissemens qui lui ont été donnés par les Ministres de l'Eglise.

Ce criminel ayant été renfermé pour ces erreurs dans les prisons du Saint Office, il a dit avec un grand orgueil & une présomption bien éloignée de l'esprit de Dieu, qu'il n'avoit point de fautes à confesser; & que quoiqu'il eût été amené à l'Inquisition avec beaucoup de précaution & de secret, sans sçavoir où on le transportoit, Dieu notre Seigneur lui avoit dit qu'il étoit dans le Saint Office; que le jour suivant il seroit appellé devant un Tribunal competant, & qu'à l'heure même où il devoit y comparoître, il seroit délivré de maux de têtes & de douleurs d'entrailles que l'air de la nuit lui avoit causés; ce qui étoit effectivement arrivé. Il dit encore que dans le tems qu'il apprit la nouvelle que le Roi avoit oté les Missions aux Religieux de la Compagnie, au grand préjudice des barbares convertis & non convertis, il avoit apprehendé quelque grand malheur pour la personne de Sa Majesté, quoiqu'il fût néanmoins assuré qu'Elle agissoit sans mauvaise volonté. Il a ajouté que dans le tems qu'il fut envoyé à Setuval, pénétré de douleur de l'état où il voyoit ce Royaume, il avoit offert à Dieu ses Prieres pour la Personne du Roi & pour le bien de son Etat, & qu'alors il lui fut dit au cœur de chercher des moyens pour avertir Sa Majesté d'un peril imminent où Elle alloit se trouver; que se voyant obligé en conscience d'obéir à cet ordre, il avoit fait toutes les diligences possibles pour prévenir ce malheur; mais qu'il n'en avoit pû trouver le moyen: que cela l'avoit déterminé à faire des pénitences & des prieres publiques & particulieres, qui avoient été entendues au Tribunal de Dieu, & qu'il lui avoit été revelé que ses prieres avoient obtenu du Seigneur notre Dieu qu'il moderât le châtiment que le Roi avoit mérité.

Qu'ayant ensuite été injustement arrêté comme Chef de la Conjuration, il s'étoit mis à écrire, par l'ordre de Dieu & de Notre Dame, la vie de Sainte Anne, & son autre ouvrage sur la vie & l'empire de l'Antechrist, qui lui avoient été saisis; & qu'il savoit que pour les avoir écrits il avoit été dénoncé à l'Inquisition, comme un hypocrite qui supposoit des révélations, & contrefaisoit des vertus qu'il n'avoit pas.

Il a encore déclaré que notre Seigneur lui avoit dit, il y a un an, qu'il n'étoit pas satisfait des injustices que lui déclarant souffroit, & qu'il devoit s'attendre à en souffrir beaucoup d'autres pour devenir entierement conforme à J. C. son modele, & que pour cet effet il seroit calomnieusement deferé au Saint Office.

Que lui ayant été demandé d'en haut s'il étoit disposé à imiter J. C. & que doutant s'il pourroit s'avouer convaincu, à cause du décri que son Ordre en souffriroit, il lui avoit été répondu qu'il auroit la douleur de s'en voir séparé; ce qui lui est effectivement arrivé, puisque dans les prisons où il est actuellement, Jesus-Christ l'avoit fait ressouvenir de ce qu'il lui avoit revelé; & que dans le Tribunal du Saint Office, il avoit eu l'intelligence de ce qui lui avoit été dit précédemment, y ayant appris par une voix d'enhaut, qu'il n'y avoit plus de Jésuites en Portugal, cette Compagnie ayant été condamnée outrageusement par une Sentence publiée dans tous le monde; ce qui lui avoit paru bien difficile à croire, & lui donnoit quelque crainte des voix qu'il entendoit: c'est pourquoi il se croyoit obligé de se soumettre à l'Eglise pour ne pas tomber dans l'illusion.

Ce criminel ayant ensuite demandé une audience, & l'ayant obtenue, il dit que Dieu lui avoit commandé de venir dire les raisons qui le portoient à croire ses révélations véritables: voici comme il les a exposées. 1°. Qu'elles ne contenoient rien de contraire aux articles de la Foi & aux sentimens communs de l'Eglise & des Saints Peres. 2°. Qu'elles étoient accompagnées d'une vie toute adonnée à l'Oraison & à la pratique des vertus; car au commencement il passoit deux heures en oraison, ensuite quatre heures, & maintenant huit heures, Dieu le lui ayant ordonné, & ayant pour Directeur le vénérable Pere *Segneri*. 3°. Qu'il menoit une vie pénitente & mortifiée, ne mangeant ni chair, ni œufs, ni poiſſon, & ne buvant point de vin ; & que Dieu lui ayant d'abord permis de prendre un peu de vin, il le lui avoit enſuite entierement ôté, en lui ordonnant même de ne prendre que la moitié de ſa portion de pain, & de donner l'autre moitié aux pauvres. 4°. Que le Pere *Segneri* lui avoit dit qu'il n'étoit pas poſſible que Dieu oubliât toutes ſes peines & ſes travaux, & tous les ſervices qu'il lui avoit rendus. Ce criminel aſſuroit en même-tems que Dieu le comparoit à Saint François Xavier ; qu'il avoit beaucoup de peine à le dire, mais que Dieu le lui avoit ordonné, en lui révélant qu'il l'avoit choiſi pour ſon Envoyé, ſon Apôtre & ſon Prophete. 5°. Que ſes révélations, les viſions & les paroles ſurnaturelles qu'il entendoit, lui inſpiroient un grand deſir de ſouffrir & de mourir pour Dieu, & un ſi grand amour pour notre Seigneur, qu'il avoit déja avec lui une union habituelle. 6°. Que Dieu lui apprenoit une Doctrine admirable & toute céleſte, & que la Sainte Vierge avoit daigné lui dire, qu'elle l'avoit pris pour ſon fils, du conſentement de J. C. & de toute la très-Sainte Trinité. 7°. Qu'il avoit un grand deſir de ſecourir les ames du Purgatoire, comme il lui avoit été ordonné d'enhaut, de ſorte qu'il lui étoit quelquefois ordonné de reciter quarante Roſaires, ce qui faiſoit qu'il paſſoit pluſieurs nuits ſans dormir plus d'une ou deux heures, ce qui étoit naturellement impoſſible ; & que notre Seigneur lui avoit dit que ſa vie étoit un miracle continuel & une œuvre de ſa toute-puiſſance. Que pour toutes ces raiſons, & parce que Dieu lui avoit fait connoitre que c'étoit l'Archange Saint Raphael

& ſon Ange Gardien qui l'avoient tranſporté au-delà d'un marais de 400 palmes, il aſſuroit que ſes révélations étoient indubitablement divines. Il ajouta que dans l'inſtant même où il déclaroit ces choſes, Dieu lui diſoit ſenſiblement ces paroles formelles. *Ce ſont-là les ſignes de ton Apoſtolat & de ta Miſſion. Ces ſignes ſont plus que ſuffiſans pour prouver ma volonté, c'eſt-à-dire, que je t'ai ſpécialement choiſi & envoyé pour manifeſter ma volonté, tant aux Barbares qu'aux Catholiques; que ſi* PAR HASARD, fortè, *tes Juges, mes Miniſtres, ne trouvent pas ces ſignes ſuffiſans, tu leur raconteras encore de plus grands miracles.*

Le criminel ayant remarqué que l'Inquiſiteur qui l'interrogeoit n'ajoutoit pas beaucoup de foi à ſes recits fabuleux & à ſa prétendue ſainteté, qu'il voyoit denuée des qualités qui accompagnent la véritable, continuant ſon récit, ajouta, qu'au Royaume de Bréſil un navire ſe trouvant en péril, par la rupture du cable le plus fort, toutes les perſonnes qui étoient dans le vaiſſeau ſe jetterent à ſes pieds, pour le prier de demander à Notre-Dame des Miſſions de les délivrer d'un ſi grand danger, & que lui Déclarant s'étant adreſſé à Notre-Dame, ils en furent délivrés à l'inſtant. Qu'il avoit fait un ſemblable miracle à la barre de cette capitale.

Que la Séréniſſime Reine Mere Marie-Anne d'Autriche étant malade, ſon eſprit l'avoit obligé de dire à cette Princeſſe qu'elle en mourroit, malgré le ſentiment des Medecins qui lui promettoient qu'elle en reviendroit, & aſſuroient qu'elle étoit beaucoup mieux, & que ſa prédiction ou ſa prophetie s'étoit vérifiée par l'évenement.

Il déclara de plus qu'il avoit délivré de peril certaines perſonnes malades, qui s'étoient recommandées à ſes prieres ; que par ſes mêmes prieres il avoit obtenu des enfans à quelques maiſons de ce Royaume ; qu'en particulier une certaine perſonne lui ayant promis ſix cens mille Reis pour Notre-Dame des Miſſions, il avoit obtenu pour cette perſonne l'enfant qu'elle déſiroit & qu'elle lui avoit demandé ; que depuis cet enfant s'étant trouvé en danger de mort, parce qu'on avoit differé d'accomplir la promeſſe qu'on lui avoit faite, & à compte de laquelle on lui avoit ſeulement donné deux cens mille Reis, on étoit revenu lui demander ſes prieres, par l'effet deſquelles l'enfant avoit été délivré du danger, & avoit même été guéri de ſa maladie ; qu'à la recommandation d'une autre perſonne, & à l'occaſion d'une autre promeſſe, il avoit obtenu un enfant à un Miniſtre déja vieux, & qui étoit hors d'état d'en avoir ; ce qui avoit fait dire à de mauvaiſes langues, que le Miniſtre n'étoit pas le pere de cet enfant.

Sur quoi le criminel ayant été admoneſté avec charité de reconnoître & confeſſer ſes fautes, pour ne pas ajouter aux peines de ce monde les châtimens éternels que méritent les tranſgreſſeurs de la Loi de Dieu, qui par leur hypocriſie veulent ſe procurer l'eſtime du monde, où il étoit encore en état de mériter ou de perdre la récompenſe que Dieu accorde aux Elus, & à ceux qui ſe repentent de leurs péchés, & les confeſſent avec un véritable regret de les avoir commis, juſqu'au tems de la mort, qui, vû l'âge où il étoit, ne pouvoit être fort éloignée :

Il répondit qu'il n'étoit point hypocrite & n'uſoit point de fictions, & que ſi ſa conduite n'étoit qu'hypocriſie, il vouloit que Dieu l'écraſât de ſa foudre dans ce lieu même où il étoit devant le Tribunal de l'Egliſe, à laquelle il ſoumettoit ſes ouvrages, ſes révélations & ſes autres Ecrits; pour recevoir les cenſures qu'ils méritoient, parce qu'il vouloit mourir dans le ſein de la même Egliſe, à laquelle il avoit toujours cru, & pour l'amour de laquelle il avoit ſouvent expoſé ſa vie.

Il affirma enſuite avec ſerment, qu'il avoit eu pluſieurs converſations avec Saint Ignace, Saint François de Borgia, S. Bonaventure, S. Philippe Neri, S. Charles Borromée, Sainte Thereſe & pluſieurs autres Saints; avec le Pere *Seigneri* & pluſieurs autres perſonnes défuntes, du nombre deſquelles étoit un certain Religieux de ſa Compagnie, qui lui avoit apparu pour le remercier de ce qu'il l'avoit délivré des peines du Purgatoire, dans leſquelles il étoit demeuré pour avoir retenu dans ſa chambre, avec la permiſſion de ſes Supérieurs, pluſieurs curioſités qu'il avoit deſtinées à la Bibliotheque; & que pour décharger d'infamie ſon Ordre, il demandoit qu'on fit la vérification de toutes les fondations qu'il avoit faites, du produit de pluſieurs joyaux & piéces d'or que les Fidéles d'Amérique avoient données à Notre-Dame des Miſſions, en reconnoiſſance des graces & des miracles que la même Notre-Dame leur avoit accordés; elle même lui ayant dit ſenſiblement pluſieurs fois, qu'elle le prenoit ſous ſa protection pour l'aider dans toutes ſes œuvres, comme véritable fondatrice.

Il dit encore que Dieu lui avoit ordonné de faire voir au Tribunal du Saint Office, qu'il n'étoit point un hypocrite, comme diſoient les ennemis de ſon Ordre, dont quelques-uns étoient morts il n'y avoit que peu de jours, ce qu'il ſavoit par révélation divine; & pour preuve de ceci, il ajouta qu'ayant entendu de grands bruits vers le milieu de la nuit, il avoit demandé au Concierge des priſons, qu'eſt-ce qu'il y avoit de nouveau,

& d'où venoit ce bruit qu'il entendoit ; que le Concierge lui ayant répondu que c'étoit des sonneries de cloches qu'on avoit coutume de faire au Couvent des Carmes en certaines occasions, comme lorsque les femmes sont en mal d'enfant, il avoit continué d'entendre les mêmes bruits, & qu'alors il lui avoit été dit d'enhaut que ces bruits se faisoient à cause de la mort du Roi ; ce qui lui avoit été dit encore, il n'y avoit que deux jours, & dans le tems même qu'on sonnoit & qu'on tiroit les canons ; ajoutant que si l'Inquisiteur même à qui il parloit & qui instruisoit son procès, vouloit réflechir sur tout ce qui étoit arrivé, & sur les questions qu'il lui avoit faites, il se convaincroit facilement, que ce n'avoit été qu'à cause du zèle qu'il avoit pour le salut du Roi, (à qui il auroit desiré que le Tribunal de l'Inquisition eût fait connoître la vérité qu'il lui disoit, afin qu'il pût éviter le peril dont il étoit ménacé) qu'il avoit demandé la prompte expédition de son procès.

Ces bruits dont il parloit n'avoient été occasionnés que par la mort du Marquis de Tancos, Commandant des troupes de cette Capitale & de la Province d'Estremadoure ; mais ce criminel s'étoit imaginé que ces bruits de cloches & de décharges d'artillerie des Citadelles avoient été faites à cause de la mort du Roi ; il n'avoit donc point eu d'autre fondement que sa malice pour inventer & feindre cette prétendue révélation.

Le même criminel ne voulant point profiter des avertissemens multipliés qu'on lui donna avec charité, de renoncer à ses fictions, & de confesser les fautes qu'il avoit commises & qui étoient de la compétence du Saint Office, il osa dire qu'il avoit été absous par J. C. notre Seigneur de toute faute & de toute peine ; & qu'il ne comprenoit pas la raison pour laquelle on n'avoit aucune foi à ses réponses & à ses sermens, tandis que l'on ne faisoit aucune difficulté de croire les révélations de quelques servantes de Dieu, qui n'ont pas autant travaillé que lui, & n'ont pas rendu d'aussi grands services. Il auroit cité pour exemple la vénérable Sœur Marie de Jesus d'Agreda.

Il auroit ajouté que la nuit même qui avoit précedé cet interrogatoire, il avoit eu une vision intellectuelle des peines que souffroit l'ame de Sa Majesté, & qu'il avoit entendu les réprimandes que faisoient à cette ame quelques ames dévotes pour les persécutions qu'elle avoit faites à la Compagnie : que les personnes qui y avoient concouru pour exterminer son Ordre, devoient souffrir les mêmes peines ou d'autres semblables. Qu'il n'y avoit point d'illusion dans toutes ces choses-là, puisqu'elles arrivoient à un homme à qui par un privilege spécial, la Très-Sainte Vierge donnoit tous les jours l'absolution en la forme suivante :

» *Que notre Seigneur Jesus-Christ mon Fils t'ab-*
» *solve; & moi, par son autorité, je t'absous de tous*
» *tes péchés & de toutes peines, au nom du Pere, du*
» *Fils, & du Saint-Esprit.*

Il dit encore avec juremens & imprécations contre lui-même & contre son salut éternel, que ses révélations étoient véritables, & qu'il avoit écrit la Vie & le Traité de sainte Anne, & le Traité de l'Empire de l'Ante-Christ par l'ordre de Dieu, qui l'avoit menacé des plus terribles châtimens s'il ne les écrivoit pas, en lui disant sensiblement ces paroles formelles : *Si tu n'écris pas ces choses, tu n'auras point de part avec moi dans mon Royaume, je te rejetterai de devant ma face.* Qu'il avoit eu aussi connoissance qu'une Tragédie qu'il avoit faite, dans laquelle Ester, Mardochée & Aman faisoient leurs personnages, étoit une vraie prophétie de ce qui devoit arriver en Portugal aux Persécuteurs de la Compagnie, dont quelques-uns étoient déja morts, & qu'après la punition des autres elle seroit dans peu rétablie dans son ancienne gloire, comme cela lui avoit été dit d'en-haut. Il déclara ensuite affirmativement, sans aucun égard à la charité & au respect qui est dû aux Souverains, qu'on lui avoit dit d'en haut ces deux vers suivans:

*(a) Impie Rex, bini tantùm tua tempora menses:*
*Longa sed ad pœnas tempora Virgo dabit.*

Il dit après cela, qu'il sçavoit que Dieu lui donneroit la permission de declarer ce qu'il sçavoit déja de l'état de l'ame du Roi qu'il disoit mort.

Dans la même Audience, il dit que la Marquise de Tavora lui étoit apparue plusieurs fois, & que l'ayant blâmée de la part qu'elle avoit prise à un attentat impie & sacrilege, au mépris de la promesse qu'elle lui avoit faite de ne jamais offenser Dieu par un péché mortel, ladite Marquise avoit répondu, que la maudite & injuste interdiction des Peres de la Compagnie avoit été la cause de son malheur, parce que n'ayant pas pû en conséquence continuer de se confesser à ces Peres, elle s'étoit affoiblie dans la résolution qu'elle avoit prise en faisant les exercices spirituels, de fréquenter les Sacremens tous les huit jours; que c'étoit là ce qui avoit causé sa chute, & lui avoit fait prendre part avec son mari à l'exécution de son crime; mais qu'elle étoit en

(a) Roi impie, tu n'as plus que deux mois à vivre. Mais la Vierge te réserve un tems très-long pour ton supplice.

Purgatoire, & que les prieres qu'il faisoit pour elle lui procuroient beaucoup de soulagement.

Sur quoi le Criminel fut de nouveau exhorté de renoncer à son hypocrisie & à ses impostures, attendu que ses révélations ne méritoient aucune foi, puisqu'elles étoient fausses, feintes & opposées à toutes les regles de la vie mystique. On lui ajouta qu'il imitoit les hypocrites pleins d'orgueil & dépourvus de charité & d'humilité, puisqu'il insultoit jusqu'à son Souverain qui étoit encore plein de vie pour la consolation de ses fideles Sujets ; qu'il violoit d'ailleurs la loi de Dieu par la colere avec laquelle il éclatoit contre le Roi & contre ceux qu'il regardoit comme persécuteurs de sa Compagnie, au lieu qu'il auroit dû se rappeller ce que l'Apôtre nous ordonne dans son Epître aux Romains, de dire du bien de ceux qui nous persécutent : *Benedicite persequentibus vos, benedicite & nolite maledicere* ; qu'il devoit enfin se souvenir de l'exemple des saints Apôtres, qui lors de la publication de l'Evangile, n'avoient pas recherché les biens temporels, ni l'estime du monde.

Il répondit qu'il avoit déclaré la vérité comme il l'entendoit, & que s'il avoit dit autre chose, il vouloit être englouti & tomber du lieu où il étoit, dans l'Enfer : Que s'il n'y avoit que des illusions dans ce qu'il avoit dit, il les détestoit, reconnoissant qu'il étoit un misérable pécheur, qui avoit effectivement sujet de craindre qu'il ne se fût mêlé des illusions dans les vraies visions qu'il avoit eues, d'autant plus que l'expérience lui avoit fait connoître que le démon transfiguré en Ange de lumiere, mêloit bien des tromperies dans ces sortes de choses. qu'il avoit pourtant sujet de dire que depuis qu'il avoit été élevé à la contemplation passive, il distinguoit mieux les vraies visions des fausses : que les Apôtres qu'on lui citoit, n'avoient point fait de fondations, qu'ils ne recueilloient que des aumônes pour la nourriture des Disciples & des Pauvres ; mais que pour lui, il avoit fondé des Séminaires avec le produit de beaucoup de pierreries & d'aumônes qu'il avoit ramassées ; si bien qu'à la *Bahia* & dans l'intérieur du pays ayant gagné environ douze mille cruzades, il en avoit acheté un Palais, & acquis ensuite le surplus nécessaire pour la fondation.

Que dans le *Camuta*, il avoit acheté quatre-vingt Esclaves & plusieurs terres, mais que le Gouverneur avoit mis obstacle à cette fondation, voulant lui faire déclarer le nombre des sujets qu'il devoit y élever, & si ses Superieurs comptoient s'en charger & les nourrir, & lui n'ayant pas voulu de ces conditions : que la fondation de Setuval se faisoit actuellement avec le produit de plusieurs pierreries & bijoux qu'il avoit fait vendre après la mort de la Sérénissime Reine Mere, & que le tout étoit déposé entre les mains des Procureurs avec la permission des Supérieurs.

Dans une audience qu'il avoit également demandée, il dit, que par une inspiration d'en-haut il étoit venu déclarer qu'il avoit composé la Vie de sainte Anne, & continué d'écrire la sienne par le conseil de son Confesseur & Compagnon, qui, persuadé que Dieu lui parloit, non-seulement lui avoit permis, mais s'étoit assujetti lui-même à écrire sous sa dictée, après avoir consulté quelques hommes Doctes de sa Compagnie, qui ne lui avoient conseillé que d'adoucir quelques expressions contraires au respect dû à Sa Majesté ; ce qui prouvoit évidemment qu'il n'étoit point un hypocrite, avide des louanges des hommes, puisqu'il n'avoit d'autre vue que de servir Dieu en esprit & en vérité : Que s'il s'étoit défendu dans le Tribunal de l'Inquisition, il ne l'avoit fait qu'à cause de l'obligation où il étoit de décharger son Ordre, que la sainte Vierge protegera & multipliera toujours, comme elle le lui a révelé d'une maniere bien positive, en lui disant ces paroles : *Nous serons les ennemis de ses ennemis* : Qu'en lui faisant cette révélation, elle lui déclara qu'elle suspendroit les châtimens, & combleroit de prospérités ce Royaume, si la Maison Royale faisoit les exercices dont il avoit enseigné la pratique : mais qu'il ne lui convenoit plus de rien dire des faveurs que Dieu lui accordoit, parce qu'il se ressouvenoit de ces paroles de l'Ecriture : *Sacramenta Regis abscondere bonum est.*

Le Criminel perséveroit ainsi dans ses fictions, sans vouloir faire attention à ce qu'on lui disoit pour son avantage. On crut alors devoir lui remontrer qu'il étoit trop téméraire de prétendre qu'on devoit ajoûter foi à ses miracles, visions & révelations, sans se ressouvenir des paroles ci-dessus rapportées du Chapitre 7 de l'Evangile de saint Matthieu, ni de cet avis de l'Apôtre saint Jean, I. Ep. chap. 3. *Mes chers Freres, ne croyez point à tout esprit, mais éprouvez si les esprits sont de Dieu* : Qu'il parloit sans cesse de ses vertus, sans faire attention qu'il se livroit à la colere & au mensonge, & qu'il étoit condamné par ces paroles de la même Epître du saint Evangeliste, qui dit, *que celui qui aime son frere demeure dans la lumiere, & qu'il n'y a point en lui de scandale ; que celui qui dit qu'il est dans la lumiere & hait son frere, est dans les ténebres & y demeure ; que celui qui hait son frere est dans les ténebres & marche dans les ténebres, & ne sçait où il va, parce que les ténebres ont obscurci ses yeux.*

Tous ces paſſages ne l'empêcherent pas de perſiſter à ſoutenir que ſes révelations & ſes propheties venoient du bon eſprit, & n'étoient point contraires à l'Ecriture; il diſoit que ſa haine étoit ſainte & bien reglée, & que le Saint-Eſprit en diſoit bien davantage contre les Princes par les paroles ſuivantes : *Il ſe jouera de tous les Tyrans. Les Puiſſances ſeront puiſſamment tourmentées* ; le Prophete leur faiſant ſentir par ces paroles combien ils devoient craindre ces propheties. Pour le convaincre que le Saint-Eſprit ne lui avoit pas inſpiré les ſiennes, on lui cita ces paroles du chapitre 18 du Deuteronome : *Si ce que ce Prophéte a prédit au nom du Seigneur n'arrive point, le Seigneur ne l'a point dit, mais ce Prophéte l'a forgé par l'enſlure de ſon eſprit ; c'eſt pourquoi vous ne le craindrez point.* Mais il répondit qu'un tems ſe prenoit pour un autre tems.

Toutes les remontrances qu'on lui faiſoit ne l'ayant pas empêché de perſiſter dans ſon obſtination, il voulut expliquer ſa doctrine ſur le Purgatoire, & il dit, que l'Egliſe nous ordonne de croire qu'il y a un Enfer, un Purgatoire, des Limbes où vont les enfans qui meurent ſans Baptême, & le ſein d'Abraham dans lequel alloient les ames des ſaints Patriarches ; mais que l'Egliſe n'explique point les particularités de ces lieux là, que Dieu avoit bien voulu lui apprendre, & qu'entr'autres doctrines nouvelles, il lui avoit révelé qu'il y avoit dans le Purgatoire un lieu pour certaines ames à qui il n'avoit point donné connoiſſance de leur Sentence finale (& de leur ſort pour l'éternité.)

Il ſe plaignit enſuite de ce qu'on lui avoit appliqué les endroits de l'Ecriture qui parlent des faux Prophétes & des hypocrites : mais, ajoûta-t-il, on a fait de ſemblables injures à Jeſus-Chriſt.

On

On lui reprocha qu'il n'obſervoit pas les préceptes de Jeſus-Chriſt, & ne ſuivoit pas cette inſtruction de l'Apôtre ſaint Pierre, qui dit dans ſa premiere Epître, chap. 2 : *Honorez tout le monde, aimez vos freres, craignez Dieu, reſpectez le Roi ;* & qu'au contraire il avoit recherché les intérêts temporels, ſans faire attention qu'on pourroit lui rappeller, pour lui faire voir combien il étoit indigne de créance, les paroles du chapitre 7 de l'Evangile ſelon ſaint Jean qu'on lui avoit déjà citées.

Il répondit, qu'il avoit toujours uniquement recherché la gloire de Jeſus-Chriſt, & qu'il n'avoit pas eu d'autre vue en compoſant ſes livres & écrits dont il avoit été queſtion.

Continuant auſſi à ſoutenir & défendre ſes révelations, prophéties & propoſitions comme véritables, on l'avertit de nouveau de ſe reſſouvenir de la grande grace que Dieu lui avoit faite en lui conſervant la vie & lui donnant plus de tems pour ſe repentir de ſes énormes péchés. Sans faire attention à ces remontrances, il demanda pourquoi on l'appelloit *Sepulcre blanchi*, en lui appliquant ce qui eſt dit dans le chapitre 23 de l'Evangile de ſaint Matthieu, puiſqu'on ne pouvoit ſçavoir ce qu'il avoit dans le cœur & au fond de ſon ame. On lui répondit qu'indépendamment des preuves judiciaires, il y avoit dans le Saint Office plus de raiſons qu'il ne falloit pour le traiter ainſi d'après ces paroles du même Evangeliſte, chapitre 15 : *Ce qui ſort de la bouche ſort du cœur & ſouille l'homme, & c'eſt du cœur que ſortent les mauvaiſes penſées, les homicides, les adulteres, les fornications, les vols, les faux témoignages, les blaſphêmes, &c.*

Il répliqua que les déclarations qu'il avoit faites au Procès étoient conformes au ferment qu'il avoit ſait de dire vérité, & que s'il avoitdit quelque choſe de contraire, il auroit menti au St Eſprit. Quant au texte de l'Evangile qu'on lui avoit cité, il répondoit que tout le mal ſe trouvoit en lui, mais que tout ce mal étoit intérieur, & qu'il falloit bien diſtinguer entre les méchancetés qui ſortent du cœur en demeurant dans le cœur, ce qui ſuffit pour ſouiller l'ame; & celles qui ſortent du cœur pour produire un effet extérieur qui les rend viſibles aux hommes, qui n'ont qu'alors le droit de les punir.

Dans ce tems là le Bureau du Saint-Office fut averti, que dans les Priſons de l'Inquiſition, le Criminel croyant n'être pas vû, parce que c'étoit le tems du repos, s'épuiſoit par des mouvemens ſales & de-honnêtes, & par certaines actions qui ſcandaliſoient fort celui qui lui tenoit compagnie dans ſa priſon, & qui avoit prié qu'on y remediât à cauſe du péril où cela l'expoſoit. On en prit occaſion d'exhorter le Criminel de renoncer à ſon hypocriſie, & à s'abſtenir abſolument de commettre ces fautes qui ne pouvoient manquer de le précipiter promptement dans l'Enfer, & de donner lieu au demon de le perdre entierement.

Il répondit que le démon l'avoit tenté en tout genre de péchés, juſqu'à vouloir dormir avec lui en forme de femme, & lui faire commettre des choſes contraires au ſixiéme précepte du Décalogue; que quelqueſois il avoit ſenti dans des mouvemens que Dieu permettoit, le principe de ces effets naturels qui arrivent ordinairement dans les occaſions de ſemblables mouvemens, quand ils ſont volontaires & tendans à la conſommation de la turpitude.

Dans le même tems le Criminel ayant encore demandé une audience, il dit qu'il venoit détruire la présomption qu'on avoit contre lui ; que jamais dans toute sa vie il n'avoit rien fait dans la vue d'être loué des hommes, & regardé comme un Saint ; qu'il avoit au contraire suivi *le conseil de Jesus-Christ*, qui nous recommande de ne point faire nos actions pour être loués, & que tout ce qu'il avoit fait de bien il l'avoit toujours fait pour plaire à Dieu, ce qu'il affirma de nouveau avec serment & imprécation. Il ajoûta, qu'il ne sçavoit pas comment on avoit pû lui imposer tant de choses qu'il n'avoit jamais faites, & auxquelles il n'avoit jamais même pensé ; qu'il n'étoit pas vraisemblable qu'un homme qui commettoit de semblables fautes, s'adonnât à un genre de vie semblable à celle qu'il avoit toujours menée, en s'appliquant à la conversion des ames, en s'exposant au milieu de tant de Barbares, à des périls continuels, qu'il avoit été attaqué à coups de flêches, dépouillé pour être mis à mort, condamné d'autres fois à être décapité ; que Dieu l'avoit préservé de plusieurs de ces dangers, & l'en avoit averti pendant son sommeil, en lui disant, *Leve toi, recommande toi à Dieu, tu ne sçais pas en quel danger tu es.* Le Criminel affirmoit toutes ces choses en jurant & disant : *Si tout cela n'est pas vrai, que la terre s'ouvre, & que l'Enfer m'engloutisse.* Il ne manquoit jamais de faire ce serment sur tout ce qu'il déclaroit au Saint Office.

Il a dit encore, qu'il étoit Théologien, qu'il avoit professé la Théologie dans son Ordre ; qu'il étoit Missionnaire Apostolique ; qu'il avoit un peu étudié la Théologie mystique ; que c'étoit la raison pour laquelle il assuroit que les choses qu'il avoit déclarées venoient du bon Esprit, quoiqu'il avouât que quelquefois le Démon y mêloit ses illusions, & lui-même son propre esprit.

Lui ayant été remontré que les fruits du bon Esprit sont la charité, la paix, la patience, la continence, la douceur, & le reste que dit l'Apôtre dans le ch. 5 de l'Epître aux Galates, où il fait aussi l'énumération des fruits de la chair; qu'il pouvoit voir lui-même dans ce passage, que ces fruits & œuvres de la chair se trouvoient en lui, comme on l'en avoit convaincu dans tous les interrogatoires; & qu'on n'avoit jamais manqué de les lui faire remarquer dans les avertissemens qu'on lui avoit donnés pour l'empêcher de se perdre, comme il devoit s'en ressouvenir:

Il répondit qu'il s'avouoit plein de défauts, comme on le lui reprochoit; mais qu'il pouvoit dire avec saint Paul : *Jesus-Christ est venu dans ce monde pour racheter les pécheurs, dont je suis le premier; c'est pour cela que Dieu m'a choisi pour montrer en moi toutes les richesses de sa miséricorde & de sa patience.* Aussi déclara-t-il tout de suite que ce matin même la Sainte Vierge lui avoit donné l'absolution à haute voix, en l'appellant par trois fois : *Mon fils;* & qu'elle lui avoit dit de se tranquilliser, parce que ni elle ni son fils ne pouvoient permettre au démon de contrefaire un si grand Sacrement : Que la même répétition de paroles sensibles en forme d'absolution se faisoit depuis que l'Inquisiteur lui avoit dit que toutes les choses dont il avoit rendu compte, provenoient de la tromperie du démon.

On l'exhorta encore une fois de ne point ajouter foi à ces paroles & à ces voix, qui ne pouvoient être formées que par le démon; & s'il lui arrivoit de les entendre encore, d'y résister en s'affermissant dans la foi, comme le recommande le Prince des Apôtres au chapitre 5 de sa premiere Epitre. Il répondit qu'il avoit toujours grande attention à suivre saint Pierre & saint Paul,

& que si saint Pierre avoit dit les paroles qu'on venoit de lui citer, saint Paul de son côté avoit dit : *ne méprisez pas les propheties*, &c : Qu'il faisoit tout ce qui lui étoit possible pour supporter avec patience & avec joie les peines qu'il plaisoit à Notre Seigneur de lui envoyer & à son Ordre.

Il continuoit ainsi de marcher dans le chemin de l'abîme où le conduisoient le monde, le diable & la chair, sans vouloir ouvrir les oreilles à la vérité. Car lui ayant été remontré que ses Ouvrages avoient été vûs par des hommes habiles, même dans la Théologie mystique, qui avoient jugé qu'ils contenoient plusieurs erreurs & absurdités, des propositions mal-sonnantes, téméraires, scandaleuses, & plusieurs hérésies contraires aux textes de la sainte Ecriture; ce qui faisoit voir que les révélations qu'il affirmoit véritables dans ses œuvres, ne pouvoient procéder du bon Esprit :

Il répondit que ses Livres étoient divins quant à la substance; que s'il y avoit quelques erreurs, elles ne touchoient point le fond de l'Ouvrage; que son compagnon les avoit corrigées dans une copie qu'il en avoit tirée, & qu'il avoit cachée ou envoyée hors de la prison dans laquelle ils avoient été renfermés tous les deux; que ces erreurs étoient échappées à lui déclarant à cause de la vîtesse avec laquelle on lui dictoit, & pour n'avoir pas demandé, comme il le devoit, plus de lumiere & de clarté; qu'au reste, les propositions qu'on lui reprochoit ne méritoient pas la censure qu'on en faisoit; & que ce qu'on opposoit à ses révélations ou à ses propositions, n'étoit que des fleches de paille; qu'il répondoit suffisamment aux passages de l'Ecriture en les entendant suivant les instructions qui lui étoient données d'en haut; mais qu'après tout, s'il y avoit quelqu'une de ſes propoſitions qui fût jugée hérétique, il la rétractoit, comme il l'avoit deja dit au Bureau du S. Office. C'eſt pourquoi il ſupplioit qu'on abrégeât ſon Procès, & qu'on le punît comme on le voudroit, avertiſſant au ſurplus ſes Juges, que s'ils vouloient un homme à condamner, il étoit tout prêt ; mais que s'ils cherchoient un coupable, ils ne le trouveroient pas, parce qu'il n'y avoit pas une ſeule de ſes propoſitions qui contînt quoi que ce ſoit de contraire à la ſoi ; qu'il y en avoit qu'il falloit entendre dans un ſens tropologique ou ſiguré, comme ce que Dieu avoit dit : *Je me repens d'avoir créé l'homme ; je ſuis touché de douleur au ſond du cœur*, & encore le nom de *Satan* que Jeſûs-Chriſt avoit donné à ſaint Pierre en lui diſant : *Retire-toi de moi, Satan, car tu m'es un ſujet de ſcandale ;* qu'on ſçavoit bien que Dieu ne pouvoit pas ſe repentir, & que ſaint Pierre n'étoit point un démon, & encore moins le Prince des démons.

Il dit encore qu'il avoit écrit que la vertu ſe communiquoit avec plus de facilité que le vice, parce que le Saint-Eſprit avoit enſeigné la même choſe dans ces paroles, *cum ſancto ſanctus eris, vous ſerez ſaint avec les ſaints*, & que d'ailleurs les ſaints qui poſſedent les vertus dans *l'Etat héroïque* ne courent aucun péril ; ſi bien que, quand on commet un acte charnel contre le ſixiéme précepte du Décalogue en préſence d'un homme qui paſſe pour un ſaint, on n'eſt tenu que de confeſſer ſimplement qu'on a commis ce péché, ſans dire qu'on l'a commis en préſence d'un témoin ; parce qu'alors il n'y a point de ſcandale ou de danger pour le prochain, comme il y en a ordinairement ſi le péché ſe commet en préſence de perſonnes du commun.

Quant aux paroles qui dans ſon Ouvrage attribuent à Dieu plus d'une majeſté ou d'une nature, on doit, diſoit-il, les prendre dans un ſens orthodoxe, & non matériellement, parce qu'on devoit faire attention qu'elles ſont dites de Notre-Seigneur Jeſus-Chriſt, dont l'ame étoit ſéparée du corps après ſa mort en demeurant unie à la Divinité; comme elle avoit pu s'unir à une goute de ſang du cœur de la ſainte Vierge, au tems de l'incarnation du Verbe avant que l'ame fût unie au même corps. C'eſt ainſi qu'il expliquoit ſon ſentiment ſur quelques-unes de ſes propoſitions. Il ajoutoit encore que le texte de Salomon où il eſt parlé de la femme forte, étoit appliqué par quelques-uns à la Vierge, & par d'autres à l'Egliſe; que pour lui il l'avoit appliqué à ſainte Anne, parce que cela lui avoit été révelé; & qu'il lui avoit auſſi été dit, que la même ſainte prioit pour les chœurs des Anges, parce qu'ayant le plus ardent deſir de voir la bonté infinie de Dieu honorée comme elle le méritoit, la grande gloire qu'ils lui rendoient lui paroiſſoit peu de choſe: Qu'au reſte, s'il avoit offenſé la foi en quelque choſe, il ſe ſoumettoit au S. Office; mais ſeulement à l'extérieur, juſqu'à ce qu'on lui donnât des raiſons qui lui paruſſent meilleures que celles qu'il entendoit d'en haut, quand on lui expliquoit l'Apocalypſe, dont on lui donnoit la clef d'une maniere bien ſupérieure à tout ce qu'ont dit les Commentateurs de ce Livre. Pour concluſion, il aſſuroit qu'il n'étoit point obligé de déclarer ſes penſées, parce que l'Egliſe ne juge point de l'intérieur, & n'a pas droit de l'obliger de dire s'il a fait ſes œuvres pour être loué des hommes, ou pour une autre fin.

Il déclara encore que l'endroit de ſon Ouvrage où il dit que les démons ſe retirent & s'éloignent des ames qui ſont élevées à la contemplation paſſive ou à la haute contemplation, & qu'alors elles ne ſont plus tentées que par les Saints ou par les Anges, n'eſt point contraire à la foi; qu'on en voit la preuve dans l'Ecriture Sainte elle-même & dans ces paroles du Saint-Eſprit: *Le Seigneur vous tente pour voir ſi vous l'aimez ou non;* & dans cet autre endroit: *Le Seigneur les tentera & les éprouvera comme l'or dans le creuſet:* Qu'au reſte ſi la maniere dont il avoit parlé là-deſſus paroiſſoit mauvaiſe, il étoit prêt à la modifier & à la réformer. Que quant aux effets que produiſoient les mouvemens qu'on lui avoit reprochés, ils lui avoient dans le commencement fait beaucoup de peine, parce qu'il lui ſembloit qu'ils venoient du démon; mais qu'il lui avoit été dit d'en haut, qu'il n'y avoit point de péché, parce que ce n'étoit qu'un effet naturel d'une agitation à laquelle il n'avoit point eu de part, & qu'il y méritoit autant que dans l'Oraiſon. Lui ayant été repréſenté que les textes de l'Ecriture qu'il avoit allegués ne ſe devoient pas prendre dans le ſens qu'il les entendoit, & que Dieu ne nous éprouve pas lui-même par de ſemblables moyens, quoiqu'il permette que nous ſoyons tentés par le démon auquel nous devons réſiſter; qu'il devoit ſe rappeller ces paroles de ſaint Jacques: *Que celui qui eſt tenté, ne diſe point que c'eſt Dieu qui le tente, car Dieu ne nous porte point au mal. Il ne tente perſonne, mais chacun eſt tenté par ſa concupiſcence:*

Il répondit que l'ame dont il avoit parlé eſt celle à qui une bagatelle paroît un monſtre; qu'on pouvoit ôter de ſon Ouvrage les paroles obſcènes & malhonnêtes ſi elles ne paroiſſoient pas bien; mais que ſes révélations étant ſemblables à celles de pluſieurs ſaintes ames, il n'y avoit point de raison d'approuver les unes & de rejetter les autres ; surtout si l'on faisoit attention qu'il avoit quitté pere & mere, & observé les commandemens de la loi de Dieu & ceux de l'Eglise, en s'exposant sur tant de mers : Que s'il déclaroit ainsi ses bonnes œuvres, c'est qu'il y étoit obligé pour ramener à Dieu les pécheurs, qui ne se convertissent que quand ils ont une bonne idée du Missionnaire ; & qu'en agissant ainsi, il ne faisoit qu'accomplir ce Commandement que Notre-Seigneur nous avoit fait dans ces paroles de l'Evangile : *Que votre lumiere luise devant les hommes afin qu'ils voyent vos bonnes œuvres, & qu'ils glorifient votre Pere qui est dans les Cieux :* Que ces paroles devoient servir de réponse à celles qu'on lui avoit citées du chap. 17 de S. Luc : *Lorsque vous aurez fait tout ce qui vous est commandé, dites : nous sommes des serviteurs inutiles, nous avons fait ce que nous avons dû faire.*

Il dit encore que jusqu'au tems de sa révélation, il avoit pensé que la sainte Vierge avoit conçu le Verbe Divin dans ses sacrées entrailles étant déja mariée à saint Joseph ; mais que depuis que le contraire lui avoit été révelé, il avoit posé comme chose certaine, que l'incarnation du Verbe s'étoit faite avant les fiançailles de la Ste Vierge, & que les paroles du premier chapitre de saint Matthieu n'y étoient pas opposées ; qu'au contraire elles favorisoient son sentiment & sa nouvelle Doctrine. Et comme on lui eut objecté ces paroles du premier chapitre de saint Luc : *L'Ange Gabriel fut envoyé de Dieu dans la Ville de Nazareth à une Vierge mariée à un homme qui s'appelloit Joseph de la maison de David, & cette Vierge s'appelloit Marie :*

Il répondit que la sainte Vierge avoit conçu après la mission de l'Ange ; mais que ce n'étoit pas la même ambassade que celle dont parle saint Luc ; que la sainte Vierge lui avoit dit à lui Déclarant, qu'avant cette ambassade dont il est parlé dans cet endroit de l'Evangile, elle en avoit reçu vingt ; ce qu'il affirma, comme à son ordinaire, avec son jurement imprécatoire, dont on ne pouvoit le faire abstenir. Et comme on lui dit qu'il ne devoit point donner ainsi créance à de nouvelles doctrines, suivant ces paroles de saint Paul dans l'Epître aux Hebreux, ch. 13. *ne vous laissez point emporter à des doctrines nouvelles & étrangeres :* il répondit que Notre-Seigneur Jesus-Christ avoit dit : *J'ai encore beaucoup de choses à vous dire que vous ne pouvez pas encore porter.*

Il déclara encore que la Vierge demeuroit à Jérusalem dans le tems que Notre-Seigneur quitta sa compagnie & fut trouvé dans le temple. On lui objecta les paroles de saint Mathieu, ch. 2. Il répondit que par le nom de Jérusalem il falloit entendre la Ville, les Fauxbourgs & la Banlieue, comme le nom de Lisbonne comprend tous les environs de cette Ville ; que les Evangelistes ne disent rien qui puisse empêcher de croire que la Vierge a demeuré à Jérusalem quelque tems ; qu'après tout, il n'empêchoit point qu'on ne réformât ce qu'il y avoit de peu assuré dans son Ouvrage, quoiqu'aucune de ses révélations ne fût en rien contraire à l'Evangile. Car il n'étoit point impossible que Jesus-Christ fût en même-tems dans le Temple avec les Docteurs, & présent à la mort de sainte Anne ; & qu'à l'exemple des Docteurs qui varient entr'eux dans leurs opinions, il pouvoit aussi varier lui-même & interpréter les passages de l'Ecriture, puisqu'i étoit Théologien.

Tous les efforts que l'on faisoit pour le porter

au repentir, paroiſſant de plus en plus inutiles; puiſque ſon opiniâtreté croiſſoit à meſure qu'on lui parloit, par un effet du grand orgueil dont il étoit poſſédé, néanmoins on le reprit encore une fois de la grande idée qu'il avoit de lui-même, de ſa vertu, de ſa ſcience, de ſon érudition. On lui cita ces paroles du ch. 10. du livre des Proverbes: *les Sages cachent leur ſcience, mais la langue de l'inſenſé eſt proche de la confuſion*; & l'on conclut cette remontrance par les paroles de l'Apôtre S. Jude: *malheur à ceux qui marchent dans la voye de Caïn, & qui ſe laiſſent emporter par l'eſpérance de la récompenſe de Balaam. Ce ſont des nuées ſans eau, qui ſont emportées par les vents, & comme les flots d'une mer furieuſe ils jettent l'écume de leurs ignominies, &c.*

Il répondit qu'il pouvoit alléguer pluſieurs autres paſſages contraires à ceux qu'on venoit de lui citer, & qu'il n'avoit aucun ſujet de ſe reconnoître pour convaincu, ſans dire ce que Jeſus-Chriſt avoit dit de S. Pierre, & des Scribes & Phariſiens. Mais qu'il y avoit tems de parler, & tems de taire ce que Dieu lui avoit commandé.

Ayant encore été appellé, entendu & admoneſté, il dit qu'il penſoit que les révélations dont il avoit rendu compte, étoient conformes aux règles de la vie myſtique; aſſurant que quoiqu'elles fuſſent contraires au ſentiment des Catholiques, elles n'étoient point oppoſées au ſentiment de l'Egliſe. Qu'avant d'écrire la vie de l'Ante-Chriſt, il avoit penſé qu'il n'y en auroit qu'un, ſe fondant ſur les Ecritures & ſur le ſentiment commun des Saints Peres, qui nous enſeignent qu'Elie & Enoch, & ſelon quelques-uns auſſi S. Jean l'Evangeliſte étoient vivans, pour venir à la fin du monde défendre la Foi,

& combattre cet Ante-Christ ; mais que depuis la révélation qu'il avoit eue à ce sujet, il avoit assuré comme chose certaine qu'il devoit y avoir trois Ante-Christs ; d'autant plus qu'il est impossible qu'un seul puisse assujettir & ruiner le monde entier ; que cela lui paroissoit indubitable, que le premier devoit commencer l'Empire, le second l'étendre, & le troisiéme faire les maux horribles prédits par l'Ecriture & par l'Apocalypse, dont les Saints Peres n'avoient point donné une explication suffisante, & aussi bonne que la sienne. Sur cela, comme on lui auroit cité ce que dit S. Paul, chap. 1. de l'Epître aux Galates, où il ordonne de dire anathême à ceux qui avancent des choses contraires à ce qui est clairement revelé dans les Saintes Ecritures, & enseigné par l'Eglise ; il répondit que dans un sens bon & moral, on pouvoit fort bien dire qu'il n'y auroit qu'un seul Ante-Christ ; parce que le fils & le petits-fils du premier doivent opérer par un effet de sa puissance, & comme ses instrumens ; mais que cela n'empêche pas qu'il ne doive réellement y avoir trois Ante-Christs.

Il ajouta que quoiqu'il eût quitté sa patrie pour l'amour de Dieu, il n'avoit pourtant point perdu l'affection naturelle qu'il avoit pour elle ; qu'il n'avoit d'ailleurs aucun intérêt de la diffamer, en disant quelle seroit le lieu de la naissance d'un Monstre tel que l'Ante-Christ qui seroit le fléau du monde entier ; qu'il n'auroit par conséquent pas écrit que la ville de Milan seroit la patrie de ce Monstre, ni expliqué les qualités de la mere de laquelle il devoit naître, s'il ne lui avoit pas été revelé d'en haut ; que tout cela se trouvoit prouvé dans son ouvrage, & qu'il ne pouvoit y avoir d'erreur qu'à l'égard des années, à cause de la vitesse avec laquelle il avoit écrit ; que l'Eglise ne défend la manifestation affirmative de choses si cachées, que quand elle se fait par notre propre esprit; mais qu'elle ne la défend pas quand elle provient de la communication de l'Esprit de Dieu, comme il lui étoit arrivé, Dieu lui ayant donné une grande connoissance de l'Apocalypse, nécessaire pour la composition de son ouvrage; que quand même il seroit hypocrite plein de défauts, & qu'il feindroit des vertus, comme on lui avoit dit, ce n'étoit qu'une hypocrisie impropre, & fort convenable à son état de Missionnaire.

Ces réponses & autres semblables, dont plusieurs étoient fort injurieuses à l'état Religieux, & sur-tout aux Monasteres & Communautés de filles, faisoient le fond des discours du criminel dans les différens examens faits de ses œuvres & de ses propositions. Le refus continuel qu'il avoit fait de se retracter, fit ordonner qu'on lui feroit voir des hommes doctes, afin qu'il pût conférer avec eux sur ses écrits & ses révélations pour tâcher de le désabuser. Mais il n'en résulta point le bon effet qu'on desiroit: au contraire, persistant dans le refus de se retracter, il avança d'autres propositions fausses; sçavoir, qu'il étoit permis de mentir pour préserver son prochain de quelque grand mal, & lui procurer un grand bien; & qu'il y avoit un certain lieu mitoyen entre le Ciel & l'Enfer, où vont, après la mort, les Sauvages, tels que les Américains, Antropophages, au milieu desquels il s'étoit trouvé; parce que, disoit-il, il n'est pas possible que Dieu condamne au feu éternel de l'Enfer ces Sauvages qui ne le connoissent pas, & qui n'ont pas même la parfaite lumière de la raison.

Il assura de plus qu'il n'avoit plus voulu de l'absolution de la Sainte Vierge, depuis que les

Peres avec qui il avoit conféré, lui avoient dit, que c'étoit une illusion diabolique ; mais que Jesus-Christ lui-même étoit venu l'absoudre, en lui disant ces propres paroles : » *Moi qui suis le Seigneur ton Dieu qui t'ai créé & t'ai racheté par mon Sang, je t'absous de tous tes péchés, & des peines, au nom du Pere & du Fils & du Saint-Esprit :* Qu'en cela l'intention de Notre Seigneur étoit de détromper les Percs, & d'ôter tout doute à l'égard de l'absolution donnée par la Sainte Vierge, qui avoit à cet effet un pouvoir non-seulement délégué, mais ordinaire, & beaucoup plus grand que celui du Pape même.

Voyant donc l'opiniâtreté de ce criminel, qui se croyoit fort supérieur à tous les autres hommes en vertu & en science, & qui, semblable aux Pharisiens, ne vouloit faire aucune réflexion sur ce qu'on lui disoit pour son amendement, ni considérer, comme il le devoit, les paroles de Jesus-Christ qu'on lui avoit rapportées ; il fut arrêté qu'on feroit les informations nécessaires au sujet de l'état de son esprit, par audition de témoins ordonnée d'office. Par cette information il demeura pour constant & averé, qu'il jouissoit de toute la liberté de son esprit & de son jugement, ainsi qu'il avoit déja assez paru par les réponses qu'il avoit faites dans les examens & les interrogatoires multipliés qu'il avoit subits dans le Saint Office.

En conséquence, le Promoteur Fiscal du Saint Office présenta contre lui son requisitoire en forme d'accusation, dont il lui fut donné acte, *si & in quantum :* & le criminel n'y ayant opposé que ses dits, ses déclarations portées au procès, sans proposer d'autre défense, il en fut pris acte. Mais ayant été dit par son Procureur, qu'il ne tenoit plus pour véritables ses révélations & ses prophéties, & qu'il les retractoit pour s'en tenir aux décisions de l'Ecriture-Sainte, aux Decrets du Saint Siége Apostolique, & à ce qui seroit déterminé par le Saint Office, confessant qu'il avoit été dans l'illusion par un effet de la tentation du démon, & que ce n'étoit que par ignorance qu'il les avoit crues véritables, il fut cité au Bureau pour y être interrogé sur sa retractation, à l'effet de vérifier si elle avoit été faite avec sincérité.

Il répondit qu'il regardoit comme certainement catholiques ses propositions; qu'il ne les avoit retractées que parce que son Avocat lui avoit dit qu'elles avoient été jugées & reconnues pour hérétiques; qu'il le faisoit encore en cas qu'effectivement elles le fussent, ou qu'on lui montrât qu'elles l'étoient, ce qu'on n'avoit point fait encore; de sorte qu'on ne pouvoit tout au plus le regarder que comme un hérétique matériel, sans qu'il y eût de sa faute, puisque par des pénitences & des prieres telles que Dieu & son Eglise les prescrivent, il avoit fait tout ce qui dépendoit de lui pour obtenir la lumiere que Dieu s'est obligé lui-même de donner, ainsi qu'il est marqué dans l'Epître de S. Jacques: *Si quis indiget sapientia, postulet à me, & dabo ei affluenter:* Et qu'ainsi il n'avoit encore pû se convaincre que ses propositions étoient fausses.

Dans cet état, les témoins ayant été judiciairement recollés dans leurs dépositions, on lui fit la notification de leurs dépositions dans les formes de droit, & suivant le stile du S. Office; & n'y ayant fourni aucun contredit, il en fut pris acte.

Et pour procurer encore au criminel le moyen de se repentir, de rentrer dans le sein de l'Eglise, & de ne pas perdre son ame en mourant obſtiné & endurci dans ſes erreurs, & dans la mauvaiſe habitude de ces actions honteuſes & laſcives qu'il pratiquoit ſur lui-même, comme il en avoit été pleinement convaincu dans le Saint Office, par les témoins qu'il avoit lui-même demandé qu'on entendît pour ſa défenſe & pour la juſtification des actes de vertus qu'il diſoit avoir pratiqués, il fut ordonné de nouveau qu'il communiqueroit & conféreroit encore avec des perſonnes doctes. Le réſultat de ces nouvelles conférences fut qu'il demanda une Audience, dans laquelle il dit qu'il ſe retractoit par ſoumiſſion pour le Tribunal de l'Egliſe, avec la vénération & le reſpect qu'il avoit toujours eu pour lui, ſe reſſouvenant, diſoit-il, de ces paroles par leſquelles le Seigneur avoit recommandé le reſpect pour les Miniſtres de la Synagogue : *Les Scribes & les Phariſiens ſont aſſis ſur la Chaire de Moyſe ; faites tout ce qu'ils vous diront.*

Depuis, ayant demandé encore une Audience, il dit qu'il avoit fait de nouveaux efforts par des prieres, des pénitences, & même par des exorciſmes pour rejetter les voix, les viſions & les révélations dont Dieu le favoriſoit ; qu'il avoit pris ce parti pour obéir aux Juges du Saint Office, qui après lui avoir dit que toutes ces actions ne procédoient point du bon eſprit, l'avoient aſſuré que venant du démon, Dieu ne manqueroit pas de les éloigner de lui, en en prenant les moyens : mais, ajouta-t-il, comme c'eſt Dieu même qui me parle, il a continué de le faire, & continuera encore, afin que je ſois moi-même aſſuré, & que les Inquiſiteurs n'ayent plus de doute que je n'ai commis aucune faute. Il proteſta que c'étoit à quoi il étoit réſolu de s'en tenir, les Peres & les Théologiens, avec qui il lui avoit été ordonné de conférer, ne lui ayant rien dit de capable de le convaincre du contraire. Ils lui avoient dit à la vérité que c'étoit un blasphême d'avancer que la Sainte Vierge lui avoit donné l'absolution; mais il déclara qu'il ne pouvoit être de leur sentiment à cet égard, parce qu'encore que les hommes, dans l'état actuel de la Providence, soient les Ministres ordinaires du Sacrement de Pénitence, & qu'il n'y eût encore eu personne à qui une grace pareille à la sienne eût été faite, il ne s'ensuivoit nullement qu'il ne l'eût pas reçue par l'effet d'une Providence extraordinaire, Dieu, dans la distribution de ses dons, étant indépendant, & pouvant en accorder aux uns, qu'il n'accorde point aux autres, comme il étoit arrivé à l'égard de quelques Saints; que les Apôtres mêmes n'avoient point été égaux en mérite; & qu'outre tout cela, il y avoit des histoires qui nous apprenoient que des Anges avoient administré le Sacrement de l'Eucharistie en quelques occasions; qu'ainsi il n'y a aucune raison de douter, & encore moins de nier absolument, que la Sainte Vierge & Jesus-Christ même ne fussent venus lui donner l'absolution, & que ces Peres & ces Théologiens avoient eu tort de nier absolument la vérité du récit fidele qu'il leur avoit fait.

Il ajouta qu'il avoit des preuves décisives de la vérité de cette absolution qu'il avoit reçue; sçavoir, qu'il étoit Jésuite & Missionnaire Apostolique; qu'il avoit plusieurs fois passé les mers uniquement pour l'intérêt de la gloire de Jesus-Christ; qu'il étoit entré chez cinq des Nations les plus barbares qu'il y ait au monde; qu'il avoit couru le plus évident péril d'être tué & mangé; que les autres Serviteurs de Dieu n'avoient jamais eu plus de raiſons que lui pour faire ajouter foi à leurs paroles ; qu'il confirmoit les ſiennes par les plus redoutables ſermens qui donnoient une nouvelle force à ſes preuves ; qu'il prioit, d'ailleurs, qu'on conſiderât qu'il avoit enduré de plus grands travaux qu'aucun autre pour le ſervice de Dieu, & qu'il étoit élevé à un plus haut degré de ſcience ; que tout cela étoit capable de le diſpenſer de s'autoriſer par des miracles ; qu'il en avoit néanmoins fait, & même dans la Citadelle où il avoit été mis en priſon ; qu'il avoit connu ſurnaturellement l'état de la conſcience d'un homme qui le ſervoit, & à qui en conſéquence il avoit fait des remontrances paternelles qui avoient produit un ſi bon effet, que cet homme avoit fait une bonne confeſſion ; ce qui avoit porté lui Déclarant, à qui Dieu le révéla encore, de l'embraſſer plein de joie du bon état où il voyoit ſon ame.

Sur quoi ayant été repréſenté au Criminel que ſa malice & ſon orgueil l'avoient réduit à un ſi méchant état, qu'il mépriſoit tous les avertiſſemens & tous les efforts que le Saint Office avoit faits pour procurer ſa converſion ; que cela venoit de ce qu'il avoit conçu de lui-même une ſi grande idée, qu'il ſe jugeoit ſupérieur à tout le monde en vertu & en ſcience : que chaque fois qu'on lui parloit, il ſe rendoit plus incapable de vaincre le démon, qui travailloit à le perdre : qu'il auroit dû faire réflexion, que pour profiter de tous les moyens de ſalut qu'on lui avoit procurés, & connoître la vérité qu'on lui diſoit, il falloit qu'il s'humiliât & qu'il demandât à Dieu avec beaucoup d'humilité de lui ouvrir les yeux : Qu'enfin on lui faiſoit ſçavoir que dans peu ſon procès ſeroit vû & jugé au Bureau du Saint Office, ſelon qu'il le méritoit, comme lui-même l'avoit demandé plusieurs fois ; & que si l'événement étoit contraire à ses espérances, c'étoit à lui seul qu'il devoit s'en prendre, pour n'avoir pas voulu se soumettre à tout ce qu'on lui avoit dit pour le salut de son ame ; sur cela on lui rappella les paroles que Jesus-Christ dit dans le dix-huitiéme chapitre de Saint Luc, sur la priere du Pharisien & celle du Publicain.

Il répondit qu'avant qu'on lui fit cette exhortation, il avoit déja entendu ce qu'on lui vouloit dire, & qu'en même tems il avoit ouï ces propres paroles, qu'il falloit ajouter à l'exhortation qu'on venoit de lui faire: *Et moi, lorsque j'en aurai fait venir le tems, je jugerai ces Justices. Ta captivité est un mystere : Ton procès est un mystere. Ta délivrance sera un mystere :* Enfin que Dieu Notre-Seigneur l'avoit assuré qu'il avoit permis tout ceci pour de très-profonds desseins, pour le bien de lui déclarant, pour son humiliation, pour sa mortification, pour accumuler sur lui une abondance de mérites.

Ce Criminel n'ayant donc pas voulu renoncer à son opiniâtreté, à son orgueil, à son hypocrisie, par laquelle il avoit voulu se procurer une grande réputation de sainteté, qu'il prétendoit conserver même après avoir été convaincu que ses fondemens étoient chimériques, de la fausseté de ses récits, & de la réalité des impostures sur lesquelles il avoit voulu l'établir, à quoi, pour tâcher d'en imposer & de se faire croire, il ajoutoit souvent de lui-même & sans en être requis, les fermens & les imprécations les plus terribles, jusqu'à dire, avec la plus étonnante hardiesse, qu'il vouloit qu'un des clous de l'image de J. C. se changeât en foudre, & le vint écraser & précipiter dans l'Enfer ; & qu'étant Théologien & Docteur dans son Ordre, il sçavoit quand les juremens étoient permis : il fut arrêté que son procès seroit conduit à son dernier terme.

Le Bureau du Saint Office ayant donc vû le procès du Criminel, les citations à lui faites, ses réponses & déclarations, les avertissemens qui lui avoient été donnés, il fut arrêté & décidé que ledit Criminel étoit convaincu par les preuves judiciaires & par ses propres déclarations, du crime d'hérésie, d'avoir feint des visions, des paroles surnaturelles & autres faveurs particulieres de Dieu, pour être tenu & réputé Saint; & pour raison de ce, il fut jugé & déclaré Hérétique, ennemi de notre sainte Foi Catholique, convaincu feint, faux, confessant, renouvelant & enseignant plusieurs hérésies.

Le Criminel ayant ensuite appris que les nouvelles réjouissances, dont il avoit entendu le bruit, étoient des démonstrations de la satisfaction inexprimable des fidèles Portugais pour le bienfait signalé que la Bonté divine a accordé à ce Royaume, en lui donnant un Héritier mâle dans la Maison de ses augustes Monarques; il demanda une audience, voulant accréditer encore à cette occasion ses fictions ordinaires. Il fit de grandes plaintes de ce que le Bureau du Saint Office n'avoit pas voulu croire ses prophéties, & l'avoit traité comme un hérétique & un imposteur, sans avoir daigné faire attention que les Saints qui ont eu de vraies révélations, ont été aussi trompés quelquefois, comme il confessoit l'avoir été lorsqu'il avoit annoncé la mort du Roi. Et dans la résolution où il étoit de s'efforcer de donner encore du crédit à ses fictions, à ses fausses prophéties & à ses révélations, il eut encore la témérité de dire, que Dieu lui avoit révélé l'heureux accouchement de Son Altesse Royale Madame la Princesse; & que Dieu lui avoit accordé une Fille, pour faire connoître que les deux sérénissimes Epoux étoient en état de donner à la Maison Royale un héritier mâle qui étoit l'objet de tous les desirs. Il ajouta tout de suite, que la même révélation lui avoit appris qu'il sortiroit plusieurs Princes de cette alliance Royale.

Afin que la crainte de la rigueur & de la sévérité de la Justice pût opérer sur lui l'heureux effet que n'avoient pu produire les exhortations, la douceur & les autres moyens que le Saint Office avoit employés pour le ramener au vrai chemin du salut, on lui donna connoissance du Jugement qui avoit été prononcé sur son affaire. Mais ayant persévéré dans son obstination, dans son orgueil & dans son opiniâtreté, sans vouloir ni reconnoître, ni confesser ses crimes, il fut cité pour comparoître à l'acte public de la Foi, & y entendre prononcer la Sentence par laquelle il étoit ordonné qu'il seroit livré à la Justice séculiere. Dans ces circonstances, étant déja sur l'échafaud, il demande encore une audience; mais il n'y dit rien de nouveau qui fût capable de faire changer le Jugement qui avoit été arrêté, & dont voici la teneur :

TOUT VU ET CONSIDÉRÉ, avec les Actes & les preuves qui résultent du Procès, & la disposition du droit, & examen fait de la qualité des fautes du Criminel, avec toute l'attention que mérite l'importance de la matiere; vû aussi l'obstination opiniâtre avec laquelle le Criminel a persisté jusqu'à cette heure dans son aveuglement & son impénitence : le Saint Nom de Jesus-Christ invoqué, lesdits Inquisiteurs déclarent le Pere Gabriel Malagrida convaincu du crime d'héréſie, & atteint & convaincu d'avoir affirmé, enſeigné, écrit & défendu des Propoſitions & Doctrines oppoſées aux vrais Dogmes & Doctrine que nous propoſe & enſeigne la Sainte Mere Egliſe Romaine, & qu'ayant été & étant encore Hérétique, ennemi de notre ſainte Foi Catholique, il a encouru, en vertu de la préſente Sentence, l'excommunication majeure & les autres peines établies par le Droit contre de ſemblables Criminels : Ordonnent que comme Hérétique & Auteur de nouvelles héréſies, convaincu faux, hypocrite, confeſſant, réitérant, & profeſſant opiniâtrément les mêmes erreurs, il ſoit actuellement dépoſé & dégradé de ſes Ordres, ſuivant la diſpoſition & la forme des ſaints Canons, & livré, avec baillon, bonnet d'infamie, & écriteau d'Héréſiarque, à la Juſtice ſéculiere, qu'ils ſupplient inſtamment de traiter ledit Criminel avec bonté & indulgence, ſans prononcer contre lui peine de mort ni d'effuſion de ſang.

LOUIS DE PEDRO DE BRITO CALDEIRA.
JERÔME ROGADO DO CARVALHAL SYLVA.
JOACHIM JANSEL MULLER.
LOUIS BARATA DE LIMA.

» C'eſt là tout ce que contient ladite Sentence, » telle qu'elle eſt dans les deux Actes qui ayant été » portés au Tribunal de la *Relation*, il y auroit » été rendu l'Arrêt dont la teneur s'enſuit :

ARRÊT de la *Relation*, *&c.* Vû la Sentence des Inquiſiteurs ordinaires & députés du Saint-Office, par laquelle il eſt jugé que le Criminel Gabriel Malagrida, ci-devant Religieux-Prêtre de la Compagnie dite de Jesus, est Hérétique ; ennemi de notre sainte Foi Catholique ; & que comme tel il doit être livré à la Justice Séculiere, après avoir été dégradé de ses ordres, ce qui a été fait publiquement & juridiquement : vû pareillement la disposition du Droit & de l'Ordonnance en pareil cas ; condamne ledit Criminel à être conduit la corde au cou, & avec le cri public de Justice, par les grandes rues de cette Ville jusqu'à la Place du *Rocia*, pour y être étranglé tant que mort s'ensuive, & son corps mort être jetté au feu & réduit en cendres, afin qu'il ne reste rien de sa personne, ni de sa sépulture. Et payera les dépens. A Lisbonne le 20 Septembre 1761.

GAMA, CASTRO, LEMOS, XAVIER DE SYLVA, GARALHAES, SYABRA, CARVALHO, SYLVA FREIRE.

» Et n'est rien contenu de plus dans ledit Arrêt » de la *Relation*, qui se trouve dans lesdits Actes, » auxquels je me réfere en tout & pour tout. Et en » vertu du même Arrêt de la *Relation*, s'est fait le » cri public, pour être ledit Arrêt exécuté sui- » vant sa forme & teneur sur la personne dudit » Criminel. En foi dequoi a été par moi écrit, » souscrit & signé le présent Acte. » A Lisbonne le 24 Septembre 1761. *Signé*, FRANÇOIS DE MAGALHAENS, *qui a ajouté de sa main sur l'exemplaire sur lequel on a fait la présente Traduction, son Certificat & Légalisation. Ensuite est la permission d'imprimer accordée sur la supplique dudit Sieur* MAGALHAENS.

www.ingramcontent.com/pod-product-compliance
Ingram Content Group UK Ltd.
Pitfield, Milton Keynes, MK11 3LW, UK
UKHW022143190726
13855UKWH00003B/1305

9 782013 095969